처음책방 필사책 ❺

장석주 따라쓰기
큰 고니가 우는 밤

장석주 지음

처음
책방

처음책방 필사책 5
장석주 따라쓰기_큰 고니가 우는 밤

초판 1쇄 발행 2025년 5월 25일

지은이 장석주
펴낸이 김기태

디자인 박은진
제작/유통 조전회

펴낸곳 처음책방
신고번호 제407-2024-000007
주소 17407 경기도 이천시 진상미로 1523번길 42
전화 070-4141-5566
웹사이트 cheoeumbooks.com
블로그 blog.naver.com/firstbook2024
인스타그램 instagram.com/cheoeum_books
유튜브 youtube.com/@처음책방
이메일 fbi2024@naver.com

ISBN 979-11-991148-4-5(03810)

- 이 책은 저작권법에 따라 보호받는 저작물이므로 무단 전재와 무단 복제를 금지하며, 이 책의 내용을 전부 또는 일부를 이용하려면 반드시 저작권자와 처음책방의 서면 동의를 받아야 합니다.
- 잘못된 책은 구매처에 요청하면 교환해 드립니다.

좋은 작품을 읽고 따라 쓰는 일의 즐거움

좋은 작품을 읽는다는 것은
세상의 가장 위대한 사람과 대화를 나누는 일이며,
그것을 따라 쓰는 것은 그 위대한 사람의 마음에
내 마음을 보태는 일입니다.
좋은 작품을 읽고 따라 쓰는 일의 즐거움을
그대에게 선사합니다.

이 책을 _____ 님께 드립니다.

필사 시집에 부쳐

그동안 나온 시집을 펼치고 읽는 동안 시력 50년이란 압축된 시간이 스쳐 가며 여러 감회를 가슴에 낙수처럼 떨어뜨렸다. 이 필사 시집을 엮으며 내 시에 투사된 감각과 자의식을, 다양한 날씨와 기분을, 상상의 지리학을 다 담아내려고 했지만 그건 과욕이었다. 날숨과 들숨을 고르게 하며 시를 천천히 숙독하니 내 삶을 만든 편력과 경험의 조각들이 구절마다 녹아있는 걸 알겠다. 시는 내 피의 분출이었구나. 피는 내 무의식, 욕망, 자의식이었구나. 생각해보면 시 필사는 단지 시를 베껴 쓰며 시를 감상하는 일이 아니다. 그것은 고요 속에서 자신을 성찰하며 시와 감응하는 일이고, 시를 마음으로 품고 톺아보는 일, 시를 가장 온전한 방식으로 향유하는 행위이다. 시를 베껴 쓰는 일에 몰입할 때 단지 묵독으로 읽으며 놓쳤던 시의 숨은 의미를 수확하는 뜻밖의 행운을 거머쥘 수도 있다. 이 필사 시집이 시를 사랑하는 독자들께 작은 기쁨이 되기를, 부디 선물 같은 것으로 받아주시길 바란다. 필사 시집 출간을 제안하고 정성들여 만들어주신 처음책방의 김기태 교수께 감사드린다.

2025년 봄, 파주에서
장석주

차례

제1부

- 010 심해어
- 012 겨울 대파밭에서
- 014 등에 부침
- 018 하얀 방
- 022 돌
- 024 가을의 부뚜막들
- 028 크고 헐렁헐렁한 바지
- 032 빈 상자들
- 036 여행자
- 040 붕붕거리는 추억의 한때
- 042 가협시편 1
- 044 가협시편 2
- 046 가협시편 3
- 048 미궁
- 050 바람
- 052 사랑

제2부

- 056 썰물
- 058 애인
- 060 우리에게 더 좋은 날이 올 것이다
- 062 잊자
- 066 절벽
- 068 가을 병
- 072 가을의 시
- 076 겨울나무
- 078 그믐
- 080 꽃에 바치는 시
- 082 나비
- 086 다시 첫사랑의 시절로 돌아갈 수 있다면

제3부

- 090 단감
- 092 단순하게, 느리게, 고요하게
- 094 11월의 나무들
- 096 악덕
- 098 오는 봄은 가는 봄
- 100 이곳에 살기 위하여
- 104 나의 애인은
  아침의 흰 우유를 마신다
- 108 새들은 황혼 속에 집을 짓는다
- 110 희망은 카프카의 K처럼
- 114 추억을 완성하기 위하여
- 116 진눈깨비 1
- 118 길
- 120 옛 노래

제4부

- 124 날아라 시간의 포충망에 붙잡힌
  우울한 몽상이여
- 132 10월
- 136 큰고니가 우는 밤
- 138 기우는 빛
- 140 감자를 기리는 시
- 142 그 집 앞
- 144 양말
- 146 늑대
- 148 가방
- 150 검은 커피와 흰 우유
- 152 해변의 의자
- 154 태안 저녁바다
- 156 간장 달이는 냄새가 진동하는 저녁

제5부

160 당신에게
162 가을 법어法語
164 불두화
166 옻샘 약수터
170 빗발, 빗발
172 사월
174 미리내 성지에서
178 초산
180 무당벌레
182 파밭
184 봄
186 대추 한 알
188 물오리 일가一家
192 입동

194 길레언니
198 명자나무
200 잘못 배달된 화물
204 그리운 나라
210 몽해항로 1
214 몽해항로 2
218 새
220 검은 오버

심해어

겨울 대파밭에서

등에 부침

하얀 방

돌

가을의 부뚜막들

크고 헐렁헐렁한 바지

빈 상자들

여행자

붕붕거리는 추억의 한때

가협시편 1

가협시편 2

가협시편 3

미궁

바람

사랑

제1부

심해어

세상은 어지러웠다.
어제의 친구가 적으로 표변하여
벼린 칼을 겨누고
베는 세태가 무서웠다.
세상을 등지는 게
살길로 보였다.

눈 감고 귀 막은 채
숨어 살지만
누군가에게는 빛으로 발광發光한다.
어둠 속에서 몸을 환하게 밝히는
저 은둔 군자들!

장석주 따라쓰기

겨울 대파밭에서

한겨울 대파가 땅에 뿌리를 묻고 자란다.
대파의 슬픔을 이해할 수가 없으니,
오늘 아침 가슴팍에 주홍 무늬가 있는 새는
공중을 날고, 대파 앞에 서서 고해성사를
하는 사람이 있다. 내 얘기를 들어봐요.
일생 동안 밥만 축냈어요. 아무도 내게 길을
가르쳐주지 않았으니까요, 사람을 죽인 적은 없어요.
아시겠어요? 진흙길은 피의 홍수로
넘쳐나는데, 나는 그저 스쳐지나왔어요.
분류와 명명은 활발했지만 고요한 시대는
쉽게 오지 않아요. 대파밭에는 대파가 새파랗고
바보가 죽고 새로운 바보가 와서 시끄럽다.
서리 내린 겨울 아침 대파밭에서 대파가
새파랗게 자라는 일은 기적이다.
저 새파란 대파 앞에서 우는 자가
성자가 아니라면 도대체 무어란 말인가?

장석주 따라쓰기

등에 부침

1
누이여, 오늘은 왼종일 바람이 불고
사람이 그리운 나는 짐승처럼 사납게 울고 싶었다.
벌써 빈 마당엔 낙엽이 쌓이고
빗발들은 가랑잎 위를 건너 뛰어다니고
나는 머리칼이 젖은 채
밤늦게까지 편지를 썼다.
자정 지나 빗발은 흰 눈송이로 변하여
나방이처럼 소리 없는 아우성으로
유리창에 와 흰 이마를 부딪치곤 했다.
나는 편지를 마저 쓰지 못하고
책상 위에 엎드려 혼자 울었다.

장석주 따라쓰기

2

눈물 글썽이는 누이여
쓸쓸한 저녁이면 등을 켜자.
저 고운 불의 모세관 일제히 터져
차고 매끄러운 유리의 내벽에
밝고 선명하게 번져가는 선혈의 빛.
바람 비껴 불 때마다
흔들리던 숲도 눈보라 속에 지워져가고.
조용히 등의 심지를 돋우면
밤의 깊은 어둠 한곳을 하얗게 밝히며
홀로 근심 없이 타오르는 신뢰의 하얀 불꽃.
등이 하나의 우주를 밝히고 있을 때
어둠은 또 하나의 우주를 덮고 있다.
슬퍼 말아라, 나의 누이여
많은 소유는 근심을 더하고
늘 배부른 자는 남의 아픔을 모르는 법
어디 있는가, 가난한 나의 누이여
등은 헐벗고 굶주린 자의 자유
등 밑에서 신뢰는 따뜻하고 마음은 넉넉한 법,
돌아와 쓸쓸한 저녁이면 등을 켜자.

장석주 따라쓰기

하얀 방

날씨는 먼 곳에서 당신이 보낸 소식이다. 당신은 하얀 앞니를 보이며 웃고, 나는 미간을 찌푸리며 눈꼬리를 올려 사나운 표정을 짓는다. 당신의 표정과 몸짓이 다 나를 사랑하기 때문이란 걸 나는 안다. 당신이 어린 누이의 꿈속으로 연두빛 봄비 이틀을 내게 보낼 때 당신을 사랑하지 않을 수 없다. 나는 당신의 마음보다 자주 당신의 등이나 옆구리를 쓰다듬으려고 한다. 만질 수 없는 것을 쓰다듬으려고 하다니! 나는 어리석다. 거리를 가늠도 할 수 없는 먼 곳, 태풍이 자라나는 먼 바다, 혹은 모래 먼지가 부는 사막에서 당신이 애처롭게 운다.

텅 빈 방에서 당신을 기다린다. 나는 울지 않는다. 가끔 베개와 침묵을 나눈다. 당신의 슬픔이 깊으니 나의 눈썹은 검고 내면 도덕은 단단하다. 나는 깨끗한 시금치와 구운 생선을 먹고, 밤에는 맥주를 마시며 잠 든다. 소문과 거짓말이 퍼지는 다른 세계에서 온 나는 당신을 알지 못한다. 나의 먼 이웃이자 고독의 세입자인 당신, 오, 나의 피안이여. 오늘 당신은 먼 곳에서 출발한다고 한다. 당신은 텅 빈 방과 가까운 곳에 도착하지만 늘 엉뚱한 장소에 불시착한다.

장석주 따라쓰기

다시 태어나는 일은 없겠구나. 그건 세상에 없는 심장을 새로 빚어 세계를 찢고 나와 양수를 쏟는 일이다. 손톱과 수염이 자라는 세계에서는 한번 태어난 걸 물릴 수는 없다. 봄이라고 입술을 동그랗게 모으고 발음해보자. 여기가 봄의 피안이 아니라면 도대체 어디란 말인가? 여기가 피안이라는 듯 나비가 난다. 여기서는 금지를 금지하자. 번식과 멸종이 일어나는 세계에서 꽃들은 누구의 조력도 없이 가지 밖으로 불거진다. 극장에서 나온 연인은 헤어지고, 우리는 태어나고 죽는다. 흰빛이 넘치는 방은 죽기에 좋은 장소다. 거실에는 녹색 잎을 피운 채 수화를 하는 식물이 자라고, 당신은 여기에 없다. 흰빛이 넘치는 방엔 나침반과 방위표가 있다면 좋겠다.

당신은 언제부터 당신이었는가? 나는 그게 궁금했다. 당신은 여기에 온 적이 있었나? 나는 당신을 본 적이 없다. 당신은 3만 년 전부터 태어나려고 하지만 그건 무모한 시도다. 우리는 날씨를 예측하는 일에 실패한다. 당신의 기분은 얼마나 자주 변하던가! 나무와 석탄 속에 숨은 불이 밖으로 솟구치듯이 당신은 당신이 부재하는 곳에서 뛰쳐나간다. 산소를 뿜는 초목이 자라고 처음 본 새가 오리나무에 날아와 우는 아침이 온다. 당신은 우리 곁에 오지 못했다. 저 멀리 바람이 분다. 바람이 불고 비는 내린다. 아침에 도착할 사람은 기어코 오지 못한다. 약속이 깨지고 도착이 지연됨으로써 우리의 슬픔도 유예된다. 우리가 태어나지 않은 자의 외로움을 잘 모르는 이유는 그 때문이다.

장석주 따라쓰기

돌

박쥐들이 속눈썹 없는 지평선에서
돌아오는 저녁,

지금 막 떨어지는 앵두들아,
항구를 떠나는 배들아,
요람에서 옹알이를 하는 아기들아,

들어라, 목청 없는 목들이 부르는
황혼의 노래를,

지금 막 아버지는 잠들었으니,
쉿, 조용해라, 나뒹구는 소규모 불행들아,
이제는 좀 쉬렴,

발굽도 없는 늬들,
부를 이름조차 갖지 못한 늬들,
장미가 아니어서 쓸쓸한 늬들,

돌들아, 누가 밤의 깊이를 재는 일을 맡겼느냐?
곧 어두워질 테니
이리 오렴, 늬들의 불행을 덮어 줄
푸른 지붕을 마련해주마.

장석주 따라쓰기

가을의 부뚜막들

여름 뜰이 윤리적으로 무너진 뒤
먼 데서 털을 세운 짐승들이 내려온다.
궁리가 깊은 돌들과
파초를 잘 기른 상그늘 몇을 거느리고
국세청보다는 더 무서운 기세로
전무후무한 가을이 기습한다.

그 저녁,

이상한 게 이상한 것뿐이냐고,
쓸쓸한 게 쓸쓸한 것뿐이냐고,
항변하며 가을벌레들이 크게 우는 밤이 왔다.
노동과 생계의 함수관계를 풀다 만 것은
오늘은 이미 내일의 옛날이고,
지나가서는 안 되는 것들이 지나가고

옛날은 자꾸 새로 돌아오는 탓이다.

검은 눈썹이 식는 가을
그 저녁,
저녁의 등에 밤이 업혀 오고, 우리

장석주 따라쓰기

흑설탕을 넣은 차를 마시자.
그동안 적조했었다,
옛날을 다 탕진하고도
당신의 젖들은 더는 자라지 않지만,
그늘의 무미함 아래에서
최선을 다해 착해지려는 그 저녁의
부뚜막들!

장석주 따라쓰기

크고 헐렁헐렁한 바지

어렸을 때 내 꿈은 단순했다, 다만
내 몸에 맞는 바지를 입고 싶었다
이 꿈은 늘 배반당했다
아버지가 입던 큰 바지를 줄여 입거나
모처럼 시장에서 새로 사온 바지를 입을 때조차
몸에 맞는 바지를 입을 수가 없었다
한창 클 때는 몸집이 하루가 다르게 자라니
작은 옷은 곧 못 입게 되지, 하며
어머니는 늘 크고 헐렁헐렁한 바지를 사오셨다
크고 헐렁헐렁한 바지는 나를 짓누른다
크고 헐렁헐렁한 바지를 입으면
바지가 내 몸을 입고 있다는 착각에 빠지곤 했다
충분히 자라지 못한 빈약한 몸은
큰 바지를 버거워했다
크고 헐렁헐렁한 바지통 사이로
내 영혼과 인생은 빠져나가 버리고
난 염소처럼 어기적거렸다
매음녀처럼 껌을 씹는 크고 헐렁헐렁한 바지
나는 바지에 조롱당하고 바지에 끌려다녔다
이건 시대착오적이에요, 라고
크고 헐렁헐렁한 바지를 향해 당당하게 항의하지 못했다

장석주 따라쓰기

크고 헐렁헐렁한 바지, 오, 모멸스런 인생
바지는 내 꿈을 부서뜨리고 악마처럼 웃는다
바지는 내게 인생을 이렇게 살아라, 저렇게 살아라, 라고 참견한다
원치 않는 삶에 질질 끌려다니지 않으려면
진작 바지의 독재에 대항했어야 했다
진작 그 바지를 찢거나 벗어 버렸어야 했다
아니면 진작 바지에 길들여졌어야 했다
크고 헐렁헐렁한 바지, 오 급진적인 바지
내 몸과 맞지 않는 바지통 속에서
내 다리는 불안하게 흔들린다
불사조처럼 군림하는 크고 헐렁헐렁한 바지는
검은 그림자를 늘어뜨리고
끝끝내 길들여지지 않는 내 인생을 송두리째 뒤흔든다

장석주 따라쓰기

빈 상자들

빈 상자들이 창고 안에 쌓여 있다
발톱도 없고 비늘도 없는
빈 상자들이 질서정연하게 쌓여 있다
빈 상자들은 무엇인가를 그 안에
채우기 위해 빈 채로 쌓여 있다
빈 상자 안이 공허로 가득 채워져 있는 동안
빈 상자는 다만 빈 상자로 불릴 것이다
빈 상자 속에 용이 담겨질 때
빈 상자는 무엇으로 불려야 하는가
빈 상자 속에 생을 마감한 마르고 지친 한 육신이 눕혀질 때
빈 상자는 또 무엇으로 불려야 하는가

빈 상자 속에 무엇인가 채워지고
빈 상자는 어딘가로 이동한다
그것이 빈 상자의 기능이고
그것이 빈 상자의 운명이다
검은 기차를 타고
혹은 컨테이너선에 실려 이동할 때
빈 상자는 더 이상 빈 상자가 아니다
빈 상자 속에 무엇인가를 채우고
어딘가로 옮기는 것을 결정하는 것은

장석주 따라쓰기

빈 상자들의 몫이 아니다
빈 상자들의 운명을 결정하는 보이지 않는 손!
자살해 버린 몇몇 빈 상자들을 빼놓고는
어떤 빈 상자도
자신의 운명을 스스로 결정하지 못했다
그렇다면 자신의 운명을 스스로 결정하지 않는 모든 것은
빈 상자라고 불려도 좋은가

중심을 비워 둔 채
알 수 없는 자신의 미래를 조용히 기다리는 빈 상자들
저 어린 짐승처럼 순한 것들을
다만 빈 상자라고 불러도 좋은 것인가
나는 당신에게 말한다, 빈 상자들은 비어 있을 때만
빈 상자일 수 있다고
모든 빈 상자들의 뒤에는 언제나
빈 상자들의 운명을 움켜쥔 피 묻은 손이 있다고!

장석주 따라쓰기

여행자

산성비 내리치네, 바람 부는 저녁
노점상들 모두 판을 거두고
광장에 맨드라미처럼 붉은 발목 내놓고 뛰놀던
아이들 제 집으로 돌아간 뒤
산성의 더러운 빗방울들만
알전구 불빛 아래로 몰리네

구름 밖 교회보다 더 먼 곳에서 돌아온
이 세상에서 가장 늦게 도착한 여행자
옷깃에 아교처럼 달라붙어 펄럭이는 슬픔
등뒤에 캄캄한 문명을 그림자로 드리우고
박쥐우산을 펴들고 천천히 걸어가네

쓸쓸함보다 더 큰 힘이 어디 있으랴
추운 몸으로 너를 안는다
아궁이에 그해의 가장 아름다운 만다라 불꽃이 피어날 때
눈빛에 광채 서린 사생아라도 하나 낳자

장석주 따라쓰기

여자는 밤새도록 늑골 밑에서 자라는
잎사귀를 똑, 똑 따내리며 슬픈 노래를 하네
손톱에 뜬 초승달마저 바랜 새벽
얼굴에 그린 눈썹 지우며 우네

나무들은 바람 속에서 아득히 흔들리고
들길 너머 진흙 세상 속으로 돌아가야 하네
고달픈 세월 건너느라 이끼 돋은 몸속에서
여자는 새를 꺼내 건네네

장석주 따라쓰기

붕붕거리는 추억의 한때

세상에서 내가 본 것은
아픈 사람과 아프지 않은 사람들,
살아 있는 것들의 끝없는 괴로움과
죽은 것들의 단단한 침묵들,
새벽 하늘에 떠가는 회색의 찢긴 구름 몇 장,
공복과 쓰린 위,
어느 날 찾아오는 죽음뿐이다

말하라 붕붕거리는 추억이여
왜 어떤 여자는 웃고,
어떤 여자는 우는가
왜 햇빛은 그렇게도 쏟아지고
흰 길 위에 검은 개는 어슬렁거리는가
구두 뒷굽은 왜 빨리 닳는가
아무 말도 않고 끊는 전화는 왜 자주 걸려오는가
왜 늙은 사람들은 배드민턴을 치고
공원의 비둘기 떼는 한꺼번에 공중으로 날아오르는가

장석주 따라쓰기

가협시편 1

땅거미 내리니 컹컹대며 보채는 개들에게
먼저 사료 주고 들어와
푸른 형광등 아래서
서운산에서 뜯은 취나물과 막된장 놓고
저녁밥을 먹는다.

오월이다, 밤마다
풋감들 후두두 떨어지고
들고양이는 붉디붉은 호랑이 울음소리를
흉내내며 운다.

저 홀로
시름 깊은 사람 있겠다.

장석주 따라쓰기

가협시편 2

사는 동안 슬픈 일만 많았다.
무서리 내리고
된서리 내렸다.
고사리 새순 나오려면 아직 멀었다.

살모사 놀다가는 날도 있다고,
물안개 자욱하고
나무들에 새잎 돋는 날도 있다고,

초승달 떴다.

장석주 따라쓰기

가협시편 3

물 아래에서
얼마나 물갈퀴를 휘젓는지
가창오리는 제 뒤로
포말 하얗게 일군다.

앞으로, 앞으로
나아가는 것,
장엄하다.

고모도 저랬을
것이다.

장석주 따라쓰기

미궁

길 없네
갑자기 길들 사라졌네
얼굴 다친 나
가슴 없는 나
얼어붙은 구두를 신고
미궁에 빠졌네

길 없네
갑자기 길들 사라졌네
내 앞에 검은 노트
하얀 나무가 자라는 검은 노트
나는 읽을 수 없네
나는 미궁에 빠졌네

장석주 따라쓰기

바람

바람은 저 나무를 흔들며 가고
난 살고 싶었네
몇 개의 길들이 내 앞에 있었지만
까닭없이 난 몹시 외로웠네

거리엔 영원불멸의 아이들이 자전거를 달리고
하늘엔 한 해의 마른풀들이 떠가네
열매를 상하게 하던 벌레들은 땅 밑에 잠들고
먼 길 떠날 채비하는 제비들은 시끄러웠네

거리엔 수많은 사람들의 바쁜 발길과 웃음 소리
뜻없는 거리로부터 돌아와 난 마른꽃같이 잠드네
밤엔 꿈 없는 잠에서 깨어나
오래 달빛 흩어진 흰 뜰을 그림자 밟고 서성이네

여름의 키 작은 채송화는 어느덧 시들고
난 부칠 곳 없는 편지만 자꾸 쓰네
바람은 저 나무를 흔들며 가고
난 살고 싶었네

장석주 따라쓰기

사랑

별 뜨면
내 괴로움 잠들고

스쳐 지나간 당신 보고싶다고
허파꽈리에 가득 차는 기쁨으로
말하고 싶은

밤의 늑골들을 짚으며
입술 깨물고 싶도록
어둠을 지나간다

장석주 따라쓰기

제2부

썰물

애인

우리에게 더 좋은 날이 올 것이다

잊자

절벽

가을 병

가을의 시

겨울나무

그믐

꽃에 바치는 시

나비

다시 첫사랑의 시절로 돌아갈 수 있다면

썰물

저 물이 왔다가 서둘러 가는 것은
아무도 불러주는 사람이 없기 때문이다

저 너른 뻘밭은
썰물의 아픈 속내다

저 물이 왔다가 서둘러 가는 것은
털어놓지 못한 비밀이 있기 때문이다

저 뻘밭에
여름철새 무리의 무수한 발자국들은
문자를 깨치지 못한
썰물의 편지 같은 것

썰물이 자꾸 뒤를 돌아보면서도
저렇게 서둘러 돌아가는 것은

먼 곳에서
누군가 애타게 부르고 있기 때문이다

장석주 따라쓰기

애인

누가 지금
문밖에서 울고 있는가
인적 뜸한 산언덕 외로운 묘비처럼
누가 지금
쓸쓸히 돌아서서 울고 있는가

그대 꿈은
처음 만난 남자와
오누이처럼 늙어 한 세상 동행하는 것
작고 소박한 꿈이었는데
왜 그렇게 힘들었을까

세상의 길들은 끝이 없어
한번 엇갈리면 다시 만날 수 없는 것
메마른 바위를 스쳐간
그대 고운 바람결
그대 울며 어디를 가고 있는가

내 빈 가슴에 한 등 타오르는 추억만 걸어놓고
슬픈 날들과 기쁜 때를 지나서
어느 먼 산마을 보랏빛 저녁
외롭고 황홀한 불빛으로 켜지는가

장석주 따라쓰기

우리에게 더 좋은 날이 올 것이다

너무 멀리 와버리고 말았구나
그대와 나
돌아갈 길 가늠하지 않고
이렇게 멀리까지 와버리고 말았구나

구두는 낡고, 차는 끊겨버렸다.
그대 옷자락에 빗방울이 달라붙는데
나는 무책임하게 바라본다, 그대 눈동자만을
그대 눈동자 속에 새겨진 별의 궤도를

너무 멀리 와버렸다 한들
어제 와서 어쩌랴

우리 인생은 너무 무겁지 않았던가
그 무거움 때문에
우리는 얼마나 고단하게 날개를 퍼덕였던가

더 이상 묻지 말자
우리 앞에 어떤 운명이 놓여 있는가를
묻지 말고 가자
멀리 왔다면
더 멀리 한없이 가버리자

장석주 따라쓰기

잊자

그대 아직 누군가 그리워하고 있다면
그대는 행복한 사람이다

그대 아직 누군가 죽도록 미워하고 있다면
그대 인생이 꼭 헛되지만은 않았음을
위안으로 삼아야 한다

그대 아직 누군가 잊지 못해
부치지 못한 편지 위에 눈물 떨구고 있다면
그대 인생엔 여전히 희망이 있다

이제 먼저 해야 할 일은
잊는 것이다

그리워하는 그 이름을
미워하는 그 얼굴을
잊지 못하는 그 사람을
모두 잊고 훌훌 털어버리는 것이다

잊음으로써 그대를
그리움의 감옥으로부터 해방시켜야 한다

장석주 따라쓰기

잊음으로써 악연의 매듭을
끊고 잊음으로써 그대의 사랑을
완성해야 한다

그다음엔 조용히 그러나 힘차게
다시 일어서는 것이다!
다시 시작하는 것이다!

장석주 따라쓰기

절벽

모란꽃 수명은 짧고
별들은 궁륭에서 벌 떼처럼 붕붕거린다
방울새는 땅에서 알을 품고
뱀장어 치어들은 봄강을 거슬러 오른다
늙은 어머니가 새벽에 깨서
빗자루로 마당을 쓰는 동안
밀실에서는 육해공군의 머릿수와
야포野砲와 장거리미사일을 대폭 늘리려고
머리를 맞댄 채 긴 회의를 한다
그들은 결심을 하면
서류마다 서명을 한다
적란운과 별똥별과 오솔길은 모르고
단것과 뇌물과 회의에
빠진 사람들은
계속 늘고 있다

지구는 큰일났다!

장석주 따라쓰기

가을 병

아우는 하릴없이 핏발선 눈으로
거리를 떠돌았다. 아우는
몸 버리고 돌아와 구석에서 소리 없이 울었다.
오, 아버지는 어둠 속에
헛기침 두어 개를 감추며 서 계셨다.

나는 저문 바다를 적막히 떠돌았다.
검은 파도는 섬 기슭을 울며 울며
휘돌아 사납게 흰 이빨을 세우고
물어뜯어도 물어뜯어도 절망은 단단했다.

너무 오래되어서 낡은 이 세상
가을 해 떨어져 저문 날의 바람 속으로
마른 들풀 한 잎이 지고 어둠이 오고
나는 얼굴 가득히 범람하는 속울음을 참았다.

살 부비며 살아온 정든 공기와
친밀했던 집 안팎 구석구석의 생김생김
아우와 누이와 아버지가
작은 불빛 몇 개로 떠올라
바람에 하염없이 쓸리는 것을 보았다.

장석주 따라쓰기

오, 그때 세상에는 좁혀지지 않는 거리가 있다는 걸 알았다.
가을 저문 바다 섬과 섬 사이
그 사이를 재우고 있는 것은
어둠과 바람과 파도뿐임을 알았다.

장석주 따라쓰기

가을의 시

주여 가을이 왔습니다
연인들은 헤어지게 하시고
슬퍼하는 자들에겐 더 큰 슬픔을 얹어 주시고
부자들에게선 귀한 걸 빼앗아
재물이 하찮은 것임을 알게 하소서
학자들에게는 치매나 뇌경색을 내려서
평생을 닳도록 써먹은 뇌를 쉬게 하시고
운동선수들의 뼈는 분리해서
혹사당한 근육에 긴 휴식을 내리소서
스님과 사제들은
조금만 더 냉정하게 하소서
전쟁을 하거나 계획중인 자들은
더 호전적이 되게 하소서
폐허만이 평화의 가치를 알게 하니
더 많은 분쟁과 유혈혁명이 일어나게 하소서
이 참담한 지구에서 뻔뻔스럽게 시를 써온 자들은
상상력을 탕진하게 해서
더는 아무것도 쓰지 못하게 하소서
휴지로도 쓰지 못하는 시집을 내느라
더는 나무를 베는 일이 없게 하소서
다만 사람들이 시들고 마르고 바스러지며

장석주 따라쓰기

이루어지는 멸망과 죽음들이
왜 이 가을의 축복이고 아름다움인지를
부디 깨닫게 하소서

장석주 따라쓰기

겨울나무

잠시 들렀다 가는 길입니다
외롭고 지친 발걸음 멈추고 바라보는
빈 벌판
빨리 지는 겨울 저녁 해거름
속에
말없이 서있는
흠없는 혼
하나

당분간 폐업합니다, 이 들끓는 영혼을.
잎사귀를 떼어 버릴 때
마음도 떼어 버리고
문패도 내렸습니다.

그림자
하나
길게 끄을고
깡마른 체구로 서 있습니다

장석주 따라쓰기

그믐

흑염소 떼가 풀을 뜯고 있다
어둑했다
젊은 이장이 흑염소 떼 데려가는 걸
깜박했나 보다
내 몸이 그믐이다
가득 찬 슬픔으로 캄캄하다
저기 먼 곳
그 먼 곳이 있으므로 캄캄한 밤에도
혼자 찬밥을 먹는다

장석주 따라쓰기

꽃에 바치는 시

마침내 뿌리가 닿은 곳은
메마른 흙이 가두고 있는
세상이 가장 어두운 시절이다.

흙 속에 길 찾지 못한 죽음들
흙 속에 주체할 수 없는 욕정들
흙 속에 죄 많은 혼령들
흙 속에 나쁜 욕망들

저렇게 많이 피어 있는 꽃들이
세상 가장 어두운 시절의
죽음들과 욕정들과 혼령들과 운명들을 품고
피어난 것이라고
누가 믿을 수 있을까.

장석주 따라쓰기

나비

나비는 날아간다.

나비는 햇빛 속을 떠간다.

나비는 무게를 채 갖지 못한 가벼운 넋이다.

나비는 모든 소리를 인멸하고 떠가는 한 점 정적이다.

세상이 시끄럽다고 말하지 않는다.

세상이 더럽다고 말하지 않는다.

세상이 힘들다고 하지 않는다.

나비는 날아간다.

최루탄 가스 자욱하게 피어 있는 거리를 지나

땅거미 내린 어둔 땅을 지나

누군가의 버려진 무덤을 지나

가뭄으로 말라버린 강을 지나

나비는 날아간다.

나비는 햇빛 속을 떠간다.

혼자 날아가지만

세상을 혼자 가는 것은 아니다.

지렁이랑, 개미랑, 게랑, 진흙뻘 속의 조개랑,

별과, 유령과, 바람과

함께 간다.

도무지 남을 해칠 줄 모르는 것,

세속의 아우성을 한 점 고요로 제압하는 것,

장석주 따라쓰기

나비는 날아간다.
맹목의 겨울이 오기까지
나래를 펴고
나래를 찢겨
어느 산정에서 숨질 때까지
나비는 날아간다.
이승의 한 점 슬픔으로
나비는 햇빛 속을 떠간다.

장석주 따라쓰기

다시 첫사랑의 시절로 돌아갈 수 있다면

어떤 일이 있어도 첫사랑을 잃지 않으리라
지금보다 훨씬 더 많은 별자리의 이름을 외우리라
성경책을 끝까지 읽어 보리라
시골의 작은 성당으로 이어지는 길과
폐가와 잡초가 한데 엉겨 있는 아무도 가지 않은 길로 걸어가리라
깨끗한 여름 아침의 햇빛 속에 벌거벗고 서있어 보리라
지금보다 훨씬 더 자주 미소짓고
사랑하는 이에겐 더 자주 '당신을 만나 정말 행복해'라고 말하리라
사랑하는 이의 머리를 감겨주고
두 팔을 벌려 그녀를 더 자주 안으리라
사랑하는 이를 위해 더 자주 부엌에서 음식을 만들어 보리라
다시 첫사랑의 시절로 돌아갈 수 있다면
상처받는 일과 나쁜 소문,
꿈이 깨어지는 것 따위는 두려워하지 않으리라
다시 첫사랑의 시절로 돌아갈 수 있다면
벼랑 끝에 서서 파도가 가장 높이 솟아오를 때
바다에 온몸을 던지리라

장석주 따라쓰기

단감

단순하게, 느리게, 고요하게

11월의 나무들

악덕

오는 봄은 가는 봄

이곳에 살기 위하여

나의 애인은 아침의 흰 우유를 마신다

새들은 황혼 속에 집을 짓는다

희망은 카프카의 K처럼

추억을 완성하기 위하여

진눈깨비 1

길

옛 노래

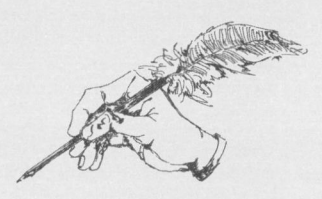

제3부

단감

단감 마른 꼭지는
단감의 배꼽이다

단감 꼭지 떨어진 자리는
수 만 봄이 머물고
왈칵, 우주가 쏟아져 들어온 흔적

배꼽은 돌아갈 길을 잠근다
퇴로가 없다

이 길은 금계랍 덧칠한 어매의
젖보다 쓰고 멀고 험하다

상처가 본디 꽃이 진
자리인 것을

장석주 따라쓰기

단순하게, 느리게, 고요하게

땅거미 내릴 무렵 광대한 저수지 건너편
외딴 함석지붕 집
굴뚝에서 빠져나온 연기가
흩어진다

단순하고,
느리게,
고요히,

오, 저것이야!
아직 내가 살아보지 못한 느림!

장석주 따라쓰기

11월의 나무들

저녁 이내 속에
나무들 서 있다

몸통에 감춘
수 천의 눈들,

산 능선 겹겹 파도 가없이
밀려가는 걸
바라보고 서 있다.

장석주 따라쓰기

악덕

사람을 야구방망이로 패고
돈다발로 무마하고 돌아선 네게
없는 건
선의가 아니다.
네 안에 우글거리는 짐승들.

지나치게 성공하는 것,
많은 돈을 갖고 사는 것,
거북에게 빠르지 않다고 비난하는 것,
강물에게 소금이 없다고 타박하는 것,
연민을 도덕이라고 우기는 것,
웃지 않는 것,
울지 않는 것,
그게 다 얼마나 큰 악덕인가!

악덕들에게 벌로써
하루에 한 편씩 시를 외우게 할 테다.
몸서리칠 게다.
포악하고 나쁜 영혼들도
악덕은 꿈조차
꾸지 못할 테다

장석주 따라쓰기

오는 봄은 가는 봄

모란과 작약꽃이 지고
버드나무는 초록 물이 오른다.

푸른 뱀 열 마리가
돌 틈에서 나오고
제비 삼십 마리가
북쪽 하늘에 난다.

오는 봄은 가는 봄,
차라리 북풍 불 때가 봄이었다.

마음이 간절했으니
봄은 겨울의 백일몽,
가는 봄이
오는 봄이라고

봄 버드나무 가지의 잎은
가을의 지는 잎이다.

장석주 따라쓰기

이곳에 살기 위하여
— 파울 첼란에게 바침

우리는 술을 마신다 흐린 불빛
아래에서 가면을 쓰고
장갑을 끼고 술을 마신다
어제도 마시고 그저께도 마시고
오늘도 마신다 아마
내일도 마시게 될 것이다
끊임없는 환풍기의 소음을 들으며
한 잔을 마시고 두 잔을 마시고 세 잔을
건너뛰어 네 잔을 마신다
웃으면서 속으로 찡그리면서 비웃으면서 기침하면서 이를 갈면서 우리는
술을 마신다 흘러간 추억 속에서도 마시고
현재의 고통 속에서도 마시고 미래의
희망 속에서도 마시고 목요일에도
금요일에도 토요일에도 우리는 술을 마신다
어두운 벽에 허청대는 우리들의 말없는
그림자를 우울한 시선으로 바라보며
앉아서도 마시고 서서도 마시고 어쩌면
누워서도 마실 것이다 타락하면서 마시고
회개하면서 마시고 쌍욕을 던지며
마시고 지순한 사랑의 말을 나누며
마시고 거래의 조건을 제시하며

장석주 따라쓰기

마시고 파리 같은 파리채에 납작하게
형태가 짓이겨진 인간 같은
개들도 가장 잔인한 살해의
방법은 연구하지 않는다 공중 무덤에
누운 나의 형제여 나의 누이여
이제 알겠느냐 술 마시는 이유를
취하기 위하여 잊기 위하여
우리는 술을 마신다 1970년에 자살한
어느 외국 시인과 그의 절망에 닿지 못하는
우리의 슬픔을 위하여
슬픔을 독으로 키우기 위하여
살기 위하여
개라도 되기 위하여

장석주 따라쓰기

나의 애인은 아침의 흰 우유를 마신다

이건 무슨 환각일까 환각 같은 현실일까
가을의 날들이 내 앞에 있고 병든
내가 검은 전화 앞에 있을 때
나의 애인은 없을까 없는 것처럼 있는 걸까
아침의 흰 우유를 마시며 젖은 날개를 털며
안개 낀 아침의 달려가는 자전거 바퀴살을 바라보며
희망의 철학과 기다림의 자유를 가르치는
오래된 책을 펴들고 앉던 나의 애인은 없다
이건 무슨 착각일까 누군들 개들의 시절에
사랑할 수 있을까 나는 욕망의 어두운 나날에
갇혀보낸다 눈물로 책상 모서리까지 적시며
애인을 기다리며 사람은 병들면 더욱
약해지는 법이다 저 침묵하는 검은 전화
너머 창밖을 보라 흐린 가을날의 풍경 속을
달려가는 자전거의 은빛 바큇살 지금
나의 애인은 어디로 달려가는 것일까
마른 풀들의 갈피갈피에 피곤하고 지친 하오의
여윈 햇빛들이 오래고 긴 잠에 들기 위하여
힘없이 넘어지는데 바람이 불고
처참하게 가을은 내장까지 드러내고 마는데
미처 떨어지지 못한 잎사귀들은 외로움을 서걱거리는데

장석주 따라쓰기

나는 아직 한 끼의 식사도 못했다 겨우 일어나
산발한 머리로 창밖 흐린 풍경만 응시했을 뿐
세상에 내가 태어나 한 일은 그것뿐
호주머니에 숨은 먼지들이 잘 안다 개들의 시절
애인을 기다리는 일의 눈물겨움 지금은 어디에
있는지 모르는 나의 애인은 여전히
아침의 흰 우유를 마시고 젖은 날개를 털고
있을까 나의 울며 견디는 나날의 슬픔을
시린 뼈 시린 살 속에 기다림으로 타는 작은 불의 숨결을
알고 있을까 지금 없는 나의 애인은
나를 불러내기 위하여 검은 전화 앞으로 가고 있을까

장석주 따라쓰기

새들은 황혼 속에 집을 짓는다

나는 안다, 내 깃발은 찢기고
더이상 나는 청춘이 아니다.
내 방황 속에
시작보다 끝이 더 많아지기 시작한다.

한번 흘러간 물에
두 번 다시 손을 씻을 수 없다.
내 어찌 살아온 세월을 거슬러올라
여길 다시 찾아올 수 있으랴.

── 쉽게 스러지는 가을 석양 탓이다.
── 잃어버린 지도 탓이다.

얼비치는 벗은 나무들의 그림자를 안고 흐르는
계곡의 물이여,
여긴 어딘가, 내 새로 발디디는 곳
암암히…… 황혼이 지는 곳.

── 서편 하늘에 풀씨처럼 흩어져 불타는 새들,
── 어둠에 멱살 잽혀 가는 나.

장석주 따라쓰기

희망은 카프카의 K처럼

희망은 절망이 깊어 더이상 절망할 필요가 없을 때
온다.
연체료가 붙어서 날아드는 체납이자 독촉장처럼
절망은
물 빠진 뻘밭 위에 드러누워
아무것도 보고 싶지 않아 감은 눈 앞에
환히 떠오르는 현실의 확실성으로
온다.
절망은 어둑한 방에서
무릎 사이에 머리를 묻고
서랍을 열어 서랍 속의 잡동사니를 뒤집어 털어내듯이
한없이 비운 머릿속으로
다시 잘 알 수 없는 아버지와 두 사람의 냉랭한 침묵과
옛날의 병에 대한 희미한 기억처럼
희미하고 불투명하게 와서
빈 머릿속에 불을 켠다.
실업의 아버지가 지키는 썰렁한 소매가게
빈약한 물건들을
건방지게 무심한 눈길로 내려다보는 백열전구처럼.
핏줄을 열어, 피를 쏟고
빈 핏줄에 도는 박하향처럼 환한

장석주 따라쓰기

현기증으로,
환멸로,
굵은 저녁 밥냄새로,
뭉크 화집의 움직임 없는 여자처럼
카프카의 K처럼
와서, 살고 싶지 않은 마음의 주인을
달래서, 살고 싶게 만드는
절망은,

장석주 따라쓰기

추억을 완성하기 위하여

성냥불을 켜면서
오라
나는
어둠이니
불을 품고
토하지 못한 어둠이니
어느 것도 내려치지 못한
벼락을 품은 힘센 어둠이니
한 삼백 년 쉴 곳을 찾지 못하고
서성이는 죽음이니
성냥불이 꺼지거든
자꾸만 켜면서
오라

장석주 따라쓰기

진눈깨비 1

진눈깨비 치는데
눈썹이 허옇도록 치는데
지난해 죽은 풀과 짐승들을 덮고
지붕들을 덮고
길을 덮고

진눈깨비 치는데
눈썹이 허옇도록 치는데
내 어린 날 저녁 들판을
검은 구름처럼 덮던 까마귀, 까마귀떼
어두운 천지 외길을
묵묵히 소가 간다, 그 주인도 말없이 간다

진눈깨비 치는데
눈썹이 허옇도록 치는데
악쓰는 여자의 소리가 들리는 낯선 마을을 지나
한결 깊어진 세상 저 너머까지
진눈깨비 속을 뚫고
간다

장석주 따라쓰기

길

너무 많은 귀들을 잘라냈으므로
또 하나의 귀를 자르지만
알 수 없는 것은 사방의 새소리들이
어두워진 들길에 떨어져 갈 바를 잃는 것,
어머니가 나를 버렸으므로
내 성년은 길에서 이루어질 수밖에 없었지만
즐거운 것은 사방의 새소리들이
바람 속에 푸른 깃털을 구르게 하는 것,
사라져가는 것은 대낮의 빛만이 아니다.
저 숲으로 지는 노란 저녁별들이 끌고 가는 길들을
오래 바라보고 있으면
눈물이 나지,
저녁별이 지면, 아득히
젖내가 나지,

너무 많은 길들을 지웠으므로
또 하나의 길을 지운다.

장석주 따라쓰기

옛 노래

저녁으로 감자를 구워놓고
무쇠난로 연통가에 젖은 옷 마르기를 기다렸네.
목수인 아버지는 늘 귀가가 늦고
낮은 담벼락 담뱃갑만하게 박힌 창문으로
알전구 불빛 병아리 오줌만큼 흘러나올 때
내 방황의 발걸음 행복했었네.
가난한 아이들 웃음소리 기쁜 개나리꽃으로
다닥다닥 피어나 지줄대기도 했는데
세월이 흘러 문득 강물처럼 젖은 몸으로
오늘 변두리 옛 동네를 지나면
어설픈 철망으로 막아놓은 철거민들의 무너진 살림터
때로는 가는 길이 슬플 적도 있지만
가슴에 품은 퇴색한 옛 사진처럼
행복은 추억으로만 남는 거라네.

장석주 따라쓰기

날아라 시간의 포충망에 붙잡힌 우울한 몽상이여

10월

큰고니가 우는 밤

기우는 빛

감자를 기리는 시

그 집 앞

양말

늑대

가방

검은 커피와 흰 우유

해변의 의자

태안 저녁바다

간장 달이는 냄새가 진동하는 저녁

제4부

날아라 시간의 포충망에 붙잡힌 우울한 몽상이여

1
후생의 아이들이 이마를 빛내며
동과 서편 흩어지는 바람 속을 질주한다.
짧은 겨울해 덧없이 지고
너무 오래된 이 세상 다시 저문다.
인가 근처로 내려오는 죽음 몇 뿌리
소리없이 밤눈만 내려 쌓이고 있다.

2
회양목 아래에서
칸나꽃 같은 여자들이 울고 있다.
증발하는 구름 같은 꿈의 모발,
어떤 손이 잡을 수 있나?

3
밤이 오자 적막한 온천 마을
청과일 같은 달이 떴다.
바람은 낮은 처마의 불빛을 흔들고
우리가 적막한 헤매임 끝에
문득 빈 수숫대처럼 어둠 속에 설 때
가을 산마다 골마다 만월의 달빛을 받고
하얗게 일어서는 야윈 물소리.

장석주 따라쓰기

4
어둠 속을 쥐떼가 달리고
공포에 떨며 집들이 긴장한다.

하나의 성냥개비를 켤 때
또는 타버린 것을 버릴 때
더 깊고 단단하게 확인되는 밤

쥐떼의 탐욕의 이빨이 빛나고
피묻은 누군가의 꿈이 버려져 있다.

5
하오 3시 바다는 은반처럼 빛난다.
흰 공기 속을 통과하는 햇빛의 정적

바람이 분다, 벌판에
흰 빨래처럼 처박힌 저 어두운 바다가 운다.

포악한 이빨을 드러내는 바다, 하오 4시
위험한 시간 속으로 웃으며 뛰어드는 아이들.

6
전파는 다급하게 태풍 경보를 예보하고 탁자의 유리컵에는
바다가 갇혀서 필사적으로 몸부림치고 있다.

장석주 따라쓰기

폐쇄된 전 해안

새파랗게 질린 풀들이 울고 그 풀들 사이에 누군가의
거꾸로 처박힌 전 생애가 펄럭거리고 있다.

오, 병든 혼,
아이들은 폭풍 속을 뚫고 하얗게 떠있는 바다로 달리고
내 붉은 핏톨은 쿵쿵 혈관을 뛰어 다니며 울부짖고 있다.

7
햇빛 그친 낡은 문짝에 쇠못들이 박혀 녹슬고 있다.

잊혀져 가는 누군가의 이름들.

8
바람은 오늘의 풀을 흔들며 지나가지만
흙 속에 숨은 풀의 흰 뿌리를 다치지 못한다.

9
통제구역 팻말이 꽂혀 있다.
끝없이 거부하며 어둠속으로 쓰러지고
풀뿌리 밑에서 피투성이가 되어 잠들곤 했다.
팻말 뒤에서 펄럭이는 막막한 어둠
어두운 창 너머 벌판에는 비가 뿌리고
잠자면서도 절벽을 보았다. 밤마다

장석주 따라쓰기

시간, 오오, 가혹한 희망과 다정한 공포여
소멸의 이마를 스치는 푸른 번개
서치라이트의 섬광만 미친 짐승처럼
이빨을 번득이고
나는 꿈속에서도 필사적으로 질주를 하며
땀을 흘리고 울었다.
아, 1975년 여름
절벽에 부딪쳐 산산이 튀어오르는
파도 조각처럼 부서지고 싶었다, 그때.

장석주 따라쓰기

10월

1
10월이야,
누군가 귓가에 가만히 속삭인다

해 저문 뒤
저 혼자 모래성을 쌓다가 허물고 다시 쌓던
아이마저 돌아가면
비로소 바다는 저 혼자 남아 저문다
날아가버린 물새떼의 발자국들을 하나씩 지워가며
파도는 추억 많은 여자처럼
저 혼자 영원히 반복되는 뒤척거림을 한다
나이 들어 잠 못 드는 밤이 부쩍 많아진다

2
세상의 어떤 문들은
끝내 열려진 채로 있고
세상의 어떤 문들은
한번 닫힌 뒤엔 영원히 열리지 않는다

어떤 편지들은 씌어지지 않은 채
부쳐지고
어떤 편지들은 수취인受取人 불명으로 되돌아온다

장석주 따라쓰기

3
눈먼 비들이 발목 시렵다고
허공에서 캄캄히 소리친다

가랑잎 밟으며 가는 눈먼 비의 뒷모습을 쫓다가 그만둔다

부질없다, 부질없다,
고성古城의 오래된 벽에 자라는 푸른 이끼들을
그것이 오랜 지병特病과 같은 슬픔이라 한들
난 어쩌지 못한다

헐값에 장기 임대받았던
많은 계절들이여,

10월에는 태어나서 죄송하다는
친구에게 편지를 쓴다
마른 채 손끝에서 부서져내리는
지난해의 꽃잎 냄새를 맡는다

4
10월이야
누군가 귓가에 가만히 속삭인다

오늘 슬픔의 미결수가 되어
또 한 계절을 떠나보낸다

장석주 따라쓰기

큰고니가 우는 밤

얼음이 쩡쩡 어는 겨울밤,
중앙대학교 안성캠퍼스 연못에 사는
큰고니가 운다.
늠름한 관우關羽 같이 큰고니가 운다.
어쩌자고,
어쩌자고,

입술과 입술이 만나고
취객의 발걸음이 어지러워지는 시각,
하늘의 별들이 죄다 나와서 큰고니를 내려다본다.
어쩌자고,
어쩌자고,

오늘밤 함께 있지 못하는 마음들이
한기寒氣로 떨며 우는 한겨울 밤,
나 여기 있어요,
당신은 거기 있나요?

입김의 말들이 하얗게 어는 밤,
온다는 사람이 늦어진다 해도
먼 것이 더는 멀어지지 않을 테다.

장석주 따라쓰기

기우는 빛

왜 사람들은 동네 구멍가게를 외면하는가.

이제 아버지는 늙으셨다, 그것은 완연하다.

저녁 내내
시퍼렇게 언 국광사과 몇 개 팔리고,

빈들의 몇몇 길들이 눈보라에 지워지리라.
폐허도 폭설에 묻히고,
뒤늦게 고립되는 산간마을도 있으리라.

……아직 얼음을 건너오는 사람이 있다!

그가 와서 날 부른다면, 그러면
내 마음 떨면서
쓸쓸한 알전구가 수정의 깃을 달고 빛나련만……

장석주 따라쓰기

감자를 기리는 시

유월이면 우리들은 설레며 땅속에서 둥글게 익어가는 감자들을
기다렸다 꽃은 상처였다
상처 없는 자 꽃을 피울 수 없고
꽃피울 수 없는 자 열매 맺을 수 없었다

유월이면 우리들은 설레며 땅속에서 둥글게 익어가는 감자들을
기다렸다 열매는 죽음이었다
죽음 두려워하는 자 열매 맺을 수 없고
열매 없는 자들 새로운 꽃 피울 수 없었다

단 한 번뿐인 혼례로 둥글어지고
땅의 부(富)를 단번에 그러모아 더욱 영글어가는 감자들!
나날이 커가는 우주의 씨앗들!
알알이 너무 크지 않게 부풀어오르는 땅속의 태양들!

유월이면 우리들은 설레며 땅속의 감자들이
둥글게 익기만을 기다렸다

장석주 따라쓰기

그 집 앞

3월의 저녁에는 개들을
기다리지 말자
더이상 3월에는 휘파람을 불며
개들을 기다리지 말자
어머니가 돌아오지 않는다면
빈 시금치밭 언덕에 서서
냉혹한 슬픔을 견디자
내 울연히 살지 못했음을 고백하면

어머니는 늦게 돌아와서
내 어리석음을 책망하리라
겨울 저녁 6시면
세상의 지붕들은 한없이 낮게 엎드린다
한적한 숲길에
신의 옷자락도 언뜻언뜻 비치다가 숨는다.

아, 닫힌 문 뒤에서
넌 무엇을 기다리느냐
3월 저녁 6시에
넌 무엇을 기다리느냐

장석주 따라쓰기

양말

녹색 잎을 가득 매단 나무 아래
두 사람이 서 있다
나무 뒤로 집이 한 채
집 뒤로는 새 한 마리 죽지 않는 검푸른 하늘
다시 나무 아래
퀭한 눈의 창백한 남자와 볼이 빨간 여자
그들은 마주보고 있다

네 늑골 밑에서 나는 새들
네 관자놀이에서 동면에 드는 곰들
네 머리칼에서 토굴을 파는 늑대들
네 허리께에 부화되지 못한 알들

넌 내게 양말을 내미는데, 이것은 하염없는 생이 주는 선물이다
야생 염소를 위해 털실로 짠 숙박업소
자폐증 소년에게 건네는
경이롭게 가벼운 새의 몸통
희망이 없다면 절망이다!
절망도 없다면 양말이다!

장석주 따라쓰기

늑대

눈이 그친다 파랗게 달이 뜬다
바람이 대지의 갈기를 하얗게 세운다
폐활량이 큰 검푸른 하늘이
지상의 소리들을 한껏 빨아들인다
그래서 조용했나? 너희들이 잠자는 동안에도
죽음은 희디흰 뿌리를 내리며
소리없이 자란다
하얀 대지의 속살 위에 드리운 나뭇가지의 검은 그림자들이
흔들렸다 저기 움직이는 것이 있다!
저기 살아 있는 것이 있다!
죽음이 번식하는 밤에
무언가 나뭇가지의 검은 그림자들 사이를
지나갔다 죽음보다 빠르게!
죽음의 손아귀를 빠져나가는 저 잽싸고 날렵한 몸짓!
몸통에 바람의 날개라도 달았던 것일까?
너무 빨랐다 눈밭에 점점이
발자국이 남는다
발자국은 움직이지 않는다
파아란 달빛이 그곳에 고인다

장석주 따라쓰기

가방

오류였다고 말하지 마
예기치 않은 실수였다고
아아 하늘에 떠 있는 말의 흉골
상심한 비둘기들
금강초롱꽃 들고 서 있는 나의 신부
다시는 변명하지 마
속수무책이었어 불가항력이었어라고
비겁한 것은 맨 정신
스산한 바람이 몰고 온 정신의 공황
황혼이다 누군가 처음으로 제 목숨을 버린다
여전히 말의 흉골은
산 능선 위의 하늘에 떠 있어
비둘기는 날지 않았어
금강초롱꽃만 하늘 한켠에 시든 채 버려져 있었어
하늘에 번져가는 피
붉은 피
바람이 불고 어둠이 오는데
죽은 비둘기 깃털로 가득 찬 낡은 여행용 가방은
구멍이 나 있었어
그 구멍으로
물병자리의 인생은 하염없이 새나가고 있었어

장석주 따라쓰기

검은 커피와 흰 우유

검은 커피를 마신다 검은 커피를 마시는 것은 나의 고색창연한 취미 검은 커피를 마시고 또 검은 커피를 마신다 거실 바닥에 떨어져 내린 아침 햇빛이 슬프다 아아 다시 잠옷을 벗고 천천히 검은 커피를 마신다 아침에도 저녁에도 검은 커피를 마신다 검은 커피가 이유 없는 우울의 치료제가 아니라는 것쯤은 안다 애인과 함께 있을 때에도 마신다 어머니와 둘이 있을 때에도 마신다 거실 바닥을 닦고 있는 늙은 어머니 얼굴에 핀 저승꽃을 보며 화를 낸다 화를 낸 것은 어머니가 혼자 사는 것에 대해 왈가왈부 쓸데없이 간섭한 때문은 아니다 어머니가 너무 빨리 늙고 있었기 때문이다 나는 혼자가 되지 말았어야 했다 어금니 사이에 쓰디쓴 후회가 고였기 때문에 나는 서둘러 검은 커피를 후루룩 마셔버린다 어제도 마셨는데 오늘 또 검은 커피를 마신다 스무 살 때에도 검은 커피를 마셨고 더 이상 청년이 아닌 지금도 검은 커피를 마신다 스무 살이 되었을 때 어머니는 말씀하셨지 너도 이제 일해야 되지 않겠니? 그땐 어머니도 지금보다 훨씬 젊었었지 네 인생을 책임져야 하는 나이란다 그때 나는 왜 불같이 냈을까 어른이 되었으니 내 인생쯤은 스스로 책임져야 하는데 그때 나는 왜 불같이 화를 냈을까 그때 화를 내고 혼자 쓰디쓴 검은 커피를 마셨다 검은 커피를 마시는 동안 나는 인생의 반을 속절없이 흘려버리고 말았다 검은 커피를 마시는 동안 아침햇빛이 거실바닥에 흰 그림자를 길게 드리운다 나는 냉장고 문을 열고 우유를 꺼낸다

검은 커피 대신에 나는 흰 우유를 마신다

장석주 따라쓰기

해변의 의자

해변에 낡은 의자 하나 버려져 있다 저 선사시대부터 해변에 내려왔던 아주 늙고 메마른 햇빛이 의자에 마치 봉제공장의 늙은 공원처럼 앉아 쉰다 척추는 휘고 천식은 깊다 밤이 저벅저벅 걸어온다 햇빛이 수척해진 몸을 이끌고 어디론가 사라지면 빈 의자는 별빛의 차지다

해변에 낡은 의자 하나

장석주 따라쓰기

태안 저녁바다

태안 저녁바다는 부엽토를 평평하게 깔아놓은 운동장 같다
아주 오래된 물들이
거기 상가에 온 문상객처럼 침울하게 많이 모여 있다
어젯밤에 그가 죽었다
이만 육천이나 이만 칠천 번쯤의 저녁을 지나쳐왔을
그는 살아 있을 때부터 과거였는데,
이제 그가 키울 과거는 더욱 살찔 것이다
생경한 고통의 종주먹을 내밀어 관자놀이를 툭, 툭 치지만
나는 이상하게 슬퍼지지 않는다
과거가 된 시간은 결코 돌아갈 수 없는 시간이다
소름이 오스스 돋는다

장석주 따라쓰기

간장 달이는 냄새가 진동하는 저녁

항아리 물에 얇은 살얼음이 끼는 입동
아침에 집밖에 내놓은 벤자민 화분 두 개가
저녁에 나가 보니 행방이 묘연하다
누군가 병색 짙은 벤자민을 쏟아놓고 화분만 쏙 빼 가져간 것
간장 달이는 냄새가 진동하는 저녁이다
아직도 간장을 달여 먹다니!
그렇게 제 생을 달이고 있는 자도
한둘쯤은 있을 터

검은 고양이가 아직 불 켜지지 않는 거실을 가로질러가는
다수의 저녁이
침울하게 지나간다.

장석주 따라쓰기

당신에게
가을 법어法語
불두화
옻샘 약수터
빗발, 빗발
사월
미리내 성지에서
초산
무당벌레
파밭
봄
대추 한 알
물오리 일가一家
입동
길례언니
명자나무
잘못 배달된 화물
그리운 나라
몽해항로 1
몽해항로 2
새
검은 오버

제5부

당신에게

잎을 가득 피워낸 종려나무, 바다에 내리는 비, 그리고 당신. 그것들은 내가 사랑하는 것들의 이름입니다. 하지만 몇 날 며칠의 괴로움 숙고 끝에 나는 당신의 사랑을 거절하기로 마음을 굳힙니다. 부디 내 거절의 말에 상처받지 않기를 빕니다. 나는 이미 낡은 시대의 사람이고, 그러니 당신이 몰고 오는 야생 수목이 뿜어내는 신선한 산소를 머금은 공기에 놀라 내 폐가 형편없이 쪼그라들지도 모르죠. 그러니 나를 가만 놔두세요. 더 정직하게 말하죠. 나는 너무나 오랫동안 혼자 잠들고, 혼자 잠 깨고, 혼자 술 마시는 저 일 인분의 고독에 내 피가 길들여졌다는 것이죠. 나는 오로지 어둠 속에서 일 인분의 비밀과 일 인분의 침묵으로 내 사유를 살찌워 왔어요. 내게 고갈과 메마름은 이미 생의 충분조건이죠. 나는 사막의 모래에 묻혀 일체의 수분을 빼앗긴 채 말라가는 죽은 전갈이죠. 내 물병자리의 생은 이제 일 인분의 고독과 일 인분의 평화, 일 인분의 자유를 나의 자연으로 받아들입니다. 그러니 당신은 지금까지 그랬듯이 거기 당신의 자리에 서 있으면 됩니다. 어느 해 여름 우리는 바닷가에서 밤하늘에 쏟아지는 유성우를 함께 바라봤지요. 그때 당신과 나의 거리, 너무 멀지도 않고 너무 가깝지도 않은 그 거리를 유지한 채 남은 생을 살아가고 싶습니다.

장석주 따라쓰기

가을 법어法語

태풍 나비 지나간 뒤 쪽빛 하늘이다.
푸새것들 몸에 누른빛이 든다.
여문 봉숭아씨방 터져 흩어지듯
뿔뿔이 나는 새 떼를/ 황토 뭉개진 듯 붉은 하늘이 삼킨다.

대추 열매에 붉은빛 돌고
울안 저녁 푸른빛 속에서
늙은 은행나무는 샛노란 황금비늘을 떨군다.
쇠죽가마에 괸 가을비는
푸른빛 머금은 채 찰랑찰랑 투명한데,
그 위에 가랑잎들 떠 있다.

……몸 뉘일 위도에
완연한 가을이구나!

어두워진 뒤 오래 불 없이 앉아
앞산 쳐다보다가
달의 조도照度를 조금 더 올리고
풀벌레의 볼륨을 키운다.

복사뼈 위 살가죽이 자꾸 마른다.
가을이
저 몸의 안쪽으로 깊어지나 보다.

장석주 따라쓰기

불두화

이 저녁 잎새들이 서걱거리는 것은
인생의 많은 망설임 때문이다

흰 발목의 빗방울들이 종종걸음으로
마당을 다녀간다

비 그치고 황금빛이 열린다
저문 마당귀에 선 나무에 매달린 불꽃의 입술들을 열어
사랑한다고 낮게낮게 속삭이는
저 불두화

장석주 따라쓰기

옻샘 약수터

누옥 뒤편으로 난
경사진 밤나무 숲속 길을 오르면
옻나무 군락지는 갑자기 모습을 드러낸다
왼쪽 어깨 쪽을 물 빠진 저수지에 고스란히 내어주는
옻나무 군락지의 샘물을
사람들은 약수라고 한다

오래 입은 옷을 양잿물에 삶아 빨아
볕 좋은 곳에 널어놓은 뒤
그늘 아래 한참을 앉아 있다

그늘이란 누군가 내게 내어주는
제 속마음인 걸 나는 안다
저 샘물도 누군가 입 틀어막고 참아내다가
마침내 터져나오는 울음이 아닌가

작은 그늘 따위에
마음이 쉽게 눅눅해질 수는 없으니
내 속에 검정 우산을 쓰고 걸어가는
또다른 누군가 있다는 증거다

장석주 따라쓰기

새날은 저문 뒤에 오고
나무도 저물어야 새잎을 피운다
당신과 오래 떨어져 있었으나
서로가 마음 환하게 밝히는 기쁨인 것을
옻샘 약수를 향해 오르며
새삼 깨닫는다

딱 한 번만 그립다고 말하고 싶었다
그리고 덧문을 걸어 잠그면
검정 우산을 쓰고 걸어가던 사람이 우산을 접고
어 추워, 하며 내 몸으로 불쑥 들어와
함께 저물 것이다

옻샘 약수 몇 방울에 내 몸은 진정된다
몸이 저물어서 어두워질 때
비로소 마음은 지금 여기 없는 것들로
환해지던 것이다

장석주 따라쓰기

빗발, 빗발

빗발, 빗발들이 걸어온다
자욱하게 공중을 점령하고
도무지 부르튼 발이 아픈 줄도 모르고
얼마나 먼 데서
예까지 걸어오는 걸까

천 길 허공에 제 키를 재어가며
성대 제거 수술 받은 개들처럼 일제히 운다

자폐증 누이의 꿈길을 적시며
비가 걸어온다

봐라, 발도 없는 게 발뒤꿈치를 들고
벼랑 아래로 뛰어내려
과수원 인부의 남루를 적시고
마당 한 귀퉁이의 모과나무를 적신다

묵은 김치로 전을 붙이고 있는
물병자리 남자의 응고된 마음마저 무장해제시키며
마침내는 울리고 간다

저 공중으로 몰려가는 빗발,
저 쬐그만 빗발들

장석주 따라쓰기

사월

금치산자 같은 사월이 왔다 간다
사는 게 왜 이렇게 시시하지?
하는 얼굴을 하고

방부처리되지 않은 추억들이
질척거리는 침출수를
삶의 빈틈으로 조금씩 흘려보낸다

개척자는 아니지만 무능이
뼈에 사무치는 것은
일품요리 같은 생을 꿈꾸는 여자와의 연애가
곧 끝나고 말리라는 예감 때문이다

무능과 게으름은
내 삶에 붙은 이면 옵션이다

나쁜 패를 잡고 전전긍긍하는 노름꾼에게도
사월이 오고 내게도
사지를 절단한 편지가 도착하고
끔찍한 날들이 이어진다

머리 없는 남자가 빚쟁이처럼 당당하게
낚시터 가는 길을 묻는다

장석주 따라쓰기

미리내 성지에서
— C에게

가을입니까
네, 가을이죠
천지사방에 둥근 것이란 모두 무르익을 대로 무르익어
향기가 하늘에라도 닿겠어요
이건 고요의 향기겠죠

왜 아무 일도 일어나지 않는 걸까요
그건 아마
당신의 눈빛이 맑기 때문이겠죠

당신에게도 이미
무수한 옛날이 지나갔군요
옛날, 그래요
우리 앞의 오늘도 벌써 옛날이지요

어떤 이들은 사체를 떠메고
밤을 도와 오지까지 걸었겠군요
아무 일도 일어나지 않았다면
애당초 오지가 성지 되는 일은 없었겠죠

장석주 따라쓰기

사람들은 길흉에 울고 웃고
한 목숨 안에 생과 사가 동거하죠
사람은 걸어다니는 전쟁이죠

밤에는 무서리가 지는데
어느 하늘에선가 운석이 떨어지겠군요
그래도 전쟁은 일어나지 않겠지요

가을입니까
네, 무르익은 가을이죠

돌아가야죠, 이제
산 그림자가 길어졌으니
드넓은 이 성지가 돌아가라고
우리 등을 떠미는군요

장석주 따라쓰기

초산

산통이 오는지 개가 운다.
호소하는 듯 긴 울음이
딱딱한 내 몸통 속으로
밀려들어온다.

초산이다, 개는 울음도 그친 채
고요히 새끼 두 마리를 낳고
엎드려 있다.
산 것이 새끼를 낳는 동안
소년가장 같은 땅강아지는 재개재개 기어가고
귀없는 풀들은 비스듬히 기운다.
몸통 속에서 내 것이 되었던 울음들이
다시 몸통 바깥으로 밀려나가고
나는 미역국을 끓이러
부엌으로 간다.

등뒤 칸나꽃이 투명한 공기 속에서
유난히도 붉은 저녁이다.

장석주 따라쓰기

무당벌레

늦가을 들판 웅덩이들 물이 마르고
서리맞은 꽃 질 때
무시로 출몰하는 무당벌레들.

목욕물 위에 뜨고
펼친 책 위로 기어가고
밥때 기다리며 사는 자의
새벽꿈을 갉는다.

스산한 날들이 오고
배의 용골 아래 그림자 바스러질 때
소매깃 낡은 남방셔츠를 입고
많은 길들을 헤매다녔다.

매여 사는 동안 떠먹은 수천의 황혼들,
명왕성 같은 여름날의 긴 끝들,
밟혀 으스러진 것들은 지나간다.

몸속으로 낙하하는
수만의 마른 잎 같은 저녁들.
지평선을 끌어당겨 잠들기 전에
참말로 한 사람만을
나는 사랑하게 되길 바랐던 것이다.

장석주 따라쓰기

파밭

파밭에는 파들이 무성하고
이 세상엔
돌아오는 기일들이
참 많다.

어떤 기일은 자꾸 잊는다.

여울목에 몰린 되새떼
눈 뜬 가랑잎들
공중에서 방향을 바꾸며 휘몰아쳐간다.

시린 며칠,
공중을 밀며 가는 것들은
다 머물 데 없다.

장석주 따라쓰기

봄

올해도 사그막 도라지밭엔 도라지가 쑥, 쑥 올라왔다

뱀 구멍에선 초록뱀이 나오고

눈썹은 성글게 빠져 달아났다

뜯기는 것 많은 관급공사같이

사랑은 쉽지 않았다

장석주 따라쓰기

대추 한 알

저게 저절로 붉어질 리는 없다.
저 안에 태풍 몇 개
저 안에 천둥 몇 개
저 안에 벼락 몇 개

저게 저 혼자 둥글어질 리는 없다.
저 안에 무서리 내리는 몇 밤
저 안에 땡볕 두어 달
저 안에 초승달 몇 낱

장석주 따라쓰기

물오리 일가—家

물오리 일가가 나들이 간다.
어미를 앞세우고 새끼들이 뒤따르는 일렬종대,
저게 사는 모습이다.
솔숲 그늘에서 김밥을 까먹으며
내가 물오리의 근골격계나 비탄에 대해
아는 바 없다는 사실이 새삼스럽다.
씨앗을 뿌리거나 열매를 거둔 적도
제빵기술을 배워
포실하게 살림을 일군 일도 없다.
노동으로 등이 휜 적이 없는
나는 문장노동자다, 라고 말한다.
두루마리 휴지 기백 기천 개나 쓰고
떠날 자들에 속할 따름이다.
구두 밑창 몇 개도 닳아 없앨 예정이다.
모기는 남의 피를 빨며 연명하고
땡삐는 적을 향해 일침을 놓는다.
숨탄것이라고 물오리와 모기와 땡삐가
한 부류라고 말할 수는 없다.
물오리에겐 물오리로서 뒷갈망해야 할 과업이,
어리석은 자에겐 비장이 있다.
물오리 일가라고 왜 작달비 된비 맞는

장석주 따라쓰기

꽛꽛한 세월이 없었겠는가.
청명한 날 나들이 나선 물오리 일가,
한 번도 수뢰사건에 연루된 적이 없는
저들의 일렬종대가 온화하다.
在俗 프란체스코 형제들이
나들이 가기에 맞춤한 날이다.

장석주 따라쓰기

입동

가랑비 흩어지고,
그 위에 천일염을 엎네.
첫서리 내린 뒤
장롱에서 동내의 꺼낼 때
겨우내 맨발로 지내는
서리 들판 가로지르는 들쥐네
새끼들 맨발은,

장석주 따라쓰기

길례언니
— 천경자 화백께

목덜미가 허전할 때
목도리를 하자.
난간까지 내려온 달을
바지 뒷주머니에 찔러 넣고
칠흙 어둠 속으로 내려간다.
몌별의 목덜미는 오래된 지도다.
내 사랑을 찾는 데 꼭 필요한 지도다.
당신 목덜미에 노란 별들이 반짝인다.
사랑한 건 당신 목덜미뿐이었다고
불쑥 고백해버리면 당신
눈시울이 붉어질까.
희고 탐스런 구름으로
당신의 목덜미를 빚는다.
팔월이 끝난다.
새집의 대들보를 얹고 가을을 준비한다.
팔월이 가면 구월과 함께
순도 백 퍼센트의 이별이 온다.
눈빛이 깊어진 당신은
목이 시리다고 한다.
강물은 상류의 가랑잎들을 싣고 내려오고
나는 더 자주 강가에 나간다.

장석주 따라쓰기

강물에 비치는 당신의 목덜미,
거기 찍힌 낯선 입술의 지문을 눈여겨본다.
사랑이 가고 나면 시린 목에
목도리를 두르자.
목도리를 두르고 보일러가 고장 난 방에서
겨울을 나자.
미닫이문들을 닫아건 뒤
긴 회랑을 걸어오는 사람을 기다리자.
아무리 바보라도 혼자 있는 사람은
조금씩 현명해지는 법이다.

장석주 따라쓰기

명자나무

불행을 질투할 권리를 네게 준 적 없으니
불행의 터럭 하나 건드리지 마라!

불행 앞에서 비굴하지 말 것. 허리를 곧추 세울 것. 헤프게 울지 말 것. 울음으로 타인의 동정을 구하지 말 것. 꼭 울어야만 한다면 흩날리는 진눈깨비 앞에서 울 것. 외양간이나 마른 우물로 휘몰려가는 진눈깨비를 바라보며 울 것. 비겁하게 피하지 말 것. 저녁마다 술집들을 순례하지 말 것. 모자를 쓰지 말 것. 콧수염을 기르지 말 것. 딱딱한 씨앗이나 마른 과일을 천천히 씹을 것. 다만 쐐기풀을 견디듯 외로움을 혼자 견딜 것.

쓸쓸히 걷는 습관을 가진 자들은 안다.
불행은 장엄 열반이다.
너도 우니? 울어라, 울음도
견딤의 한 형식인 것을,

달의 뒤편에서 명자나무가 자란다는 것을
잊지 마라.

장석주 따라쓰기

잘못 배달된 화물

때때로 인생이란 잘못 배달된 화물
몸이란 봉인된 화물

내 몸 속에 펼쳐지지 않은 한 권의 책
내 몸 속에 알 낳는 비둘기 암컷 한 마리
내 몸 속에 종유석이 자라나는 동굴
내 몸 속에 날개 달린 뱀 쌍둥이
내 몸 속에 눈이 퇴화한 동굴 박쥐 떼

태어나자마자 늑대 새끼처럼 울음을 터뜨리고
거북이처럼 엉금엉금 기기 시작했고
말을 배워 앵무새처럼 종알거렸고
몸속에 온통 독한 회의와 의문들이
나쁜 암종처럼 출렁거리는 청춘이 왔을 때
나는 비에 젖어 헤매 다녔다
때로 운 나쁜 화물들은
비에 젖은 채 배달되는 법이다

꽃피어나지 못한 채
나는 쓴다
돌에 문자를 새겨 넣듯 고통으로 쓴다

장석주 따라쓰기

인생이란 무거운 책을
생의 낱장마다 질척거리는 추억들을 새기는 것이다
이것이, 고작 이것이
내게 배달된 화물이란 말인가?

어느 겨울날 아침
내게 배달된 화물은 크고 무거웠다
연약한 팔로 감당하기에는 너무나 커다란 화물을 옮기며
불현듯 깨닫는다
잘못 배달되는 화물도 의외로 많은 법이다

장석주 따라쓰기

그리운 나라

1
시월이면 돌아가리 그리운 나라
젊은 날의 첫 아내가 사는 고향
지금은 모르는 언덕들이 생기고
말없이 해떨어지면 묘비 비스듬히 기울어
계곡의 가재들도 물그늘로 흉한 몸 숨기는 곳
이미 십년 전부터 임신 중인 나의 아내
만삭이 되었어도 그 자태는 요염하게 아름다우리
시월이면 돌아가리 그리운 나라
연기가 토해내는 굴뚝
속에서 꾸역꾸역 나타나는 굴뚝 아래
검은 공기 속에서 낙과처럼 추락하는
흰새들의 어두운 하늘 애꾸눈 개들이
희디흰 대낮의 거리에서 수은을 토한다

— 수은을 먹고 흘리는 수은의 눈물,
　눈물방울
　　절벽 같은 천둥번개 같은

장석주 따라쓰기

2
시월이면 돌아가리 그리운 나라
달의 엉덩이가 구름에 걸리고
너도밤나무 숲속 위의 하늘에도 그리운
물고기들이 날아다니는 것이 자주 발견된다
아내의 지느러미는 여전히 매끄럽고 그동안
낳은 딸들은 낙엽 밑에 잠들어 있으리 내 아내는
여전히 낮엔 박쥐들을 재우고
밤엔 붉고 검은 땅에 엎드려 알을 낳으리
아내의 삶에 약간의 이끼가 낀 것이
변화의 전부이다 내 앞가슴의
거추장스러운 의문의 단추들이 툭툭 떨어진다

장석주 따라쓰기

3

나는 밤에 도착한다 지난
여름의 장마로 끊긴 다리의 보수공사가 한창이다
눈치 빠른 새앙쥐들은 낯선 침입자를
힐끗거리고 무심한 아내는 자전거만 타고 있다
나를 알아보지 못하는 그녀의 흰 종아리가
자전거의 페달을 힘차게 밟을 때마다
스커트자락 밑으로 아름답게 드러나곤 한다 아아
너무 늦게 돌아왔구나 내 경솔함 때문에
빠르게 날이 어두워진다 그동안 아내의
입덧은 얼마나 심하였던가 유실수의
성한 열매들이 하나도 남아 있지 않다 내가
최후의 시장에서 인신매매업으로 치부를 할 때
아내는 날개 달린 다람쥐처럼 날아다녔으리라
너도밤나무 과의 북가시나무 숲속 위로 열린 하늘엔
죽은 사람의 장례가 나가고 바람을 방목하는
언덕의 숲속에서 누가 지느러미도 달리지 않은
사람의 아들을 낳는다 그림처럼 누운 아내의 입술에
내 입술이 닿기도 전 아내는 힘없이 부서져내린다
그리움은 그렇게 컸구나
머릿속의 우글거리는 딱정벌레들을 한 마리씩 풀어 주어
내 머릿속은 빈 병실 같다 피안교를 건너서
내일이 오는 것은 어쩔 수 없더라도
다시 최후의 시장으로 돌아가지 않으리라

장석주 따라쓰기

몽해항로 1
— 樂工

누가 지금
내 인생의 전부를 탄주하는가.
황혼은 빈 밭에 새의 깃털처럼 떨어져 있고
해는 어둠 속으로 하강하네.
봄빛을 따라 간 소년들은
어느덧 장년이 되었다는 소문이 파다했네.

하지 지난 뒤에
黃菊과 뱀들의 전성시대가 짧게 지나가고
유순한 그림자들이 여기저기 꽃봉오리를 여네.
곧 추분의 밤들이 얼음과 서리를 몰아오겠지.

一局은 끝났네. 승패는 덧없네.
중국술이 없었다면 일국을 축하할 수도 없었겠지.
어젯밤 두부 두 모가 없었다면 기쁨도 줄었겠지.
그대는 바다에서 기다린다고 했네.
그대의 어깨에 이끼가 돋든 말든 상관하지 않으려네.

갈비뼈 아래에 숨은 소년아,
내가 깊이 취했으므로
너는 새의 소멸을 더듬던 손으로 악기를 연주하라.

장석주 따라쓰기

네가 산양의 젖을 빨고 악기의 목을 비틀 때
중국술은 빠르게 주는 대신에
밤의 邊境들은 부푸네.

장석주 따라쓰기

몽해항로 2
— 흑해행

잡풀들이 무너져 키를 낮추고
들의 웅덩이들이 마른다.
가을 가뭄은 길고 꿈은 부쩍 많아지는데
사는 일에 신명은 준다.
탕약이 끓는데, 이렇게 살아도
되나, 옛날은 가고 도라지꽃은 지고
간고등어나 한 마리씩 먹으며 살아도 되나.
요즘 웬만한 길흉이나 굴욕은 잘 견디지만
사소한 일에 대한 인내심은 사라졌다.
어제 낮에는 핏물이 있는 고기를 씹다가
구역질이 나서 더 먹지를 못했다.
비루해, 비루해. 남의 살을 씹는 거,
내 口腔에서 날고기 비린내가 난다.
이슬람이라면 라마단기간에 금식을 할 텐데,
금식은 얼마나 순결한가.
안성 시내에서 탄 죽산 행 버스 안에서
취한 필리핀 남자 두 명을 만났다.
안성 공단에서 일하는 노동자겠지.
황국이 피는 이 낯선 땅에서 술을 마시며
헤매는 저 이방의 노동자들!

장석주 따라쓰기

기온이 빙점으로 내려가는 밤이다.
서재에서 국립지리학회보를 들여다보는데
뼛속의 칼슘들이 조용히 빠져나간다.
지난해 이맘 때 자주 출몰하던 너구리가
올해는 보이지 않는다.
하천 양쪽으로 콘크리트 옹벽을 친 탓일까.
배나무에서 배꽃 필 무렵
잉잉대던 벌들도 올해는 드문드문 보인다.
주변에서 사라지는 것들이 많다.
가창오리들이 꾸륵꾸륵 우는 소리 들으니
집 아래 호수의 물이 어는 모양이다.
꿈속에서 모래먼지를 일으키며 달리는 버스를 탄다.
누군가 흑해행 버스라고 했다.
검은 염소들이 시끄럽게 울어댄다.
한 주일쯤 달리면 黑海에 닿는다고 했다.
나는 참 멀리도 가는구나, 쓸쓸한 내 간을 위하여
누가 마두금이라도 울려다오,
마두금이 없다면 뺨이라도
철썩철썩 때려다오, 마두금이 울지 않는다면
나라도 울어야 하리!

장석주 따라쓰기

새

새, 어떤 규율도 따르지 않는 무리.

새, 허공의 英才들.

새, 깃털 붙인 질항아리.

새, 가장 작고 가벼운 혈액보관함.

새, 고양이와 바람 사이의 사생아.

새, 공중을 오가는 작은 범선.

새, 지구의 중력장을 망가뜨린 난봉꾼.

새, 떠돌이 풍각쟁이.

새, 살찐 자들을 부끄럽게 만드는 가벼운 육체.

새, 뼛속까지 비운 유목민들.

새, 똥오줌 아무데나 싸갈기는 후레자식.

새, 국민건강의료보험 미불입자.

장석주 따라쓰기

검은 오버

검은 오버를 입고 산책길에 나선다
골목을 빠져나오며
나는 검은 오버가 무겁다고 느낀다
검은 오버가 무거운 것은
검은 오버의 죄가 아니다
검은 오버가 무거운 것은
검은 오버가 항상 너무 많은 말을 하려고 하기 때문이다
검은 오버가 무거운 것은
검은 오버 속에 수천 평의 추억들이 아우성치기 때문이다
검은 오버는 번개다
검은 오버는 빈 들판이다
검은 오버는 컹컹 짖는 밤의 개다
검은 오버는 내 속에 질척거리는 진눈깨비 내려치는 길이다
검은 오버는 알 수 없는 목마름으로 괴로워하던
청춘의 한때
증오의 대상이던 아버지다
이제는 온갖 병치레를 하며 졸아든 아버지다
검은 오버에는 창문을 흔드는 바람이 들어 있다
검은 오버에서는 건초 냄새가 난다
검은 오버에는 오래 전에 죽은 자들의 다문 입이 숨어 있다

장석주 따라쓰기

아버지는 젊은 시절 검은 오버를 입었다, 늦은 밤에
귀가하는 아버지의 검은 오버의 어깨에는
별들이 함부로 묻어 있곤 했다, 아버지는
검은 오버를 사랑했다, 검은 오버를 사랑하시는 아버지는 내게 이르기를
인생을 낭비하며 살지 말아라,
검은 오버의 교훈을 가슴에 새기거라,
검은 오버는 네 인생에 유익하다고 하셨다
그러나 나는 검은 오버가 싫다
검은 오버는 너무 무겁게 내 어깨를 짓누른다

세월이 흘러 나는 세 아이의 아버지가 되었고
아버지의 검은 오버를 입는다
검은 오버 양쪽에 한사코 매달려 있는 호주머니는
슬픔의 모태다, 산책길 내내 내 손은
검은 오버 호주머니 속에 얌전히 들어가 있다

하늘의 회랑에 말없이 걸려 있는 검은 오버,
나는 구름으로 지어 만든
검은 오버를 입는다

장석주 따라쓰기

장석주 시인과의 동행이 끝났습니다. 따라쓰기 여정을 마무리하면서 느낀 점이나 장석주 시인에게 하고 싶은 말을 편지로 써보세요. 장석주 시인과의 아름다운 인연이 오래도록 당신을 기분 좋게 해주는 행복한 기억으로 남아 있기 바랍니다.